AF219228

Impressum
Verlag: BABADADA GmbH, Nedderfeld 112 , 22529 Hamburg
Geschäftsführer / Verlagsleitung: Harald Hof
Druck: Books on Demand GmbH, In de Tarpen 42, 22848 Norderstedt

Imprint
Publisher: BABADADA GmbH, Nedderfeld 112 , 22529 Hamburg, Germany
Managing Director / Publishing direction: Harald Hof
Print: Books on Demand GmbH, In de Tarpen 42, 22848 Norderstedt

de school

colegio

het klaslokaal
aula

delen
dividir

186/2

het bord
pizarrón

het schoolplein
patio de escuela

de leraar
maestro

het papier
papel

schrijven
escribir

de pen
birome

het bureau
escritorio

de lineaal
regla

het boek
libro

de leerling
alumno

de schooltas
mochila

de etui
caja de lápices

het potlood
lápiz

de puntenslijper
sacapuntas

de gum
goma (de borrar)

het schetsblok
bloc de dibujo

de tekening
dibujo

het penseel
pincel

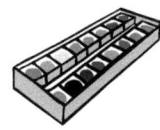

de verfdoos
caja de pinturas

de schaar
tijera

de lijm
pegamento

het schrift
cuaderno de ejercicios

het huiswerk
tarea

het getal
número

2+2

optellen
sumar

aftrekken
restar

vermenigvuldigen
multiplicar

rekenen
calcular

de letter
letra

het alfabet
abecedario

het woord
palabra

de tekst

texto

lezen

leer

het krijt

tiza

de les

lección

het klassenboek

cuaderno de clase

het examen

examen

het diploma

certificado

het schooluniform

uniforme escolar

de opleiding

educación

de encyclopedie

enciclopedia

de universiteit

universidad

de microscoop

microscopio

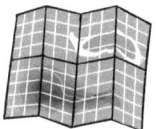

de kaart

mapa

de prullenmand

tacho (de basura)

de school - colegio

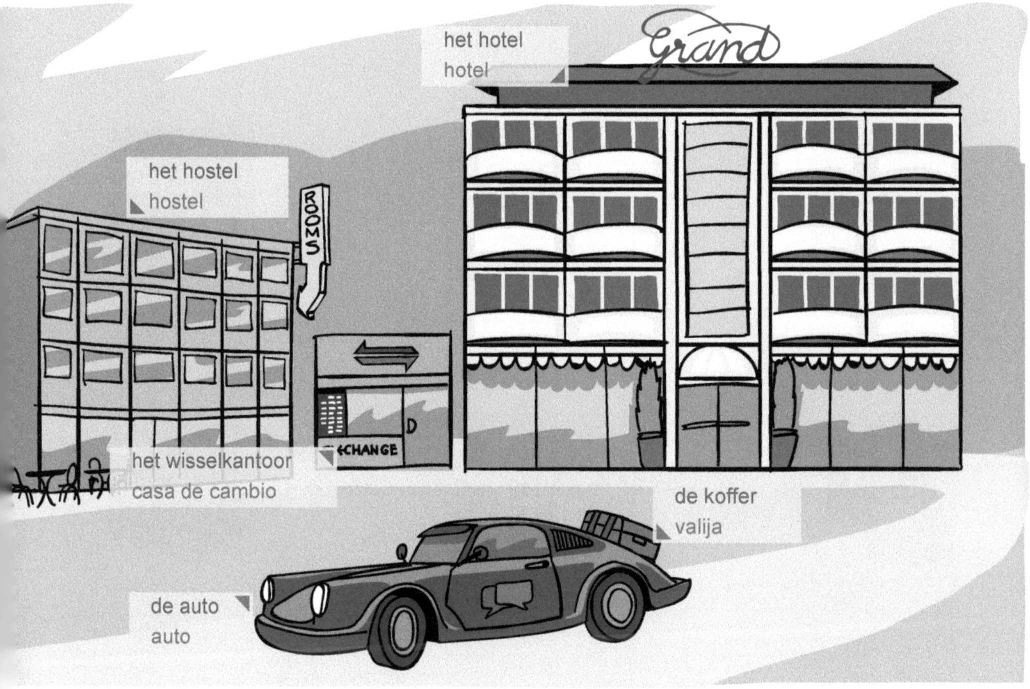

het hotel
hotel
Grand
het hostel
hostel
ROOMS
het wisselkantoor
casa de cambio
EXCHANGE
de koffer
valija
de auto
auto

de taal
idioma

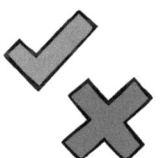

ja / nee
sí / no

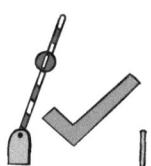

oké
Está bien

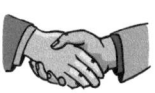

Hallo!
hola

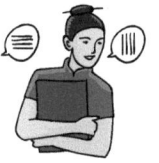

de tolk
traductor

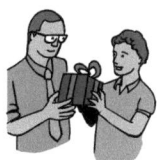

Bedankt.
Gracias

Wat kost ...?

¿cuánto cuesta…?

Ik begrijp het niet.

No entiendo

het probleem

problema

Goedenavond!

¡Buenas tardes!

Goedemorgen!

¡Buenos días!

Goedenacht!

¡Buenas noches!

Tot ziens!

adiós

de richting

dirección

de bagage

equipaje

de tas

bolso

de rugzak

mochila

de gast

invitado

de kamer

habitación

de slaapzak

bolsa de dormir

de tent

carpa

het VVV-kantoor

información turística

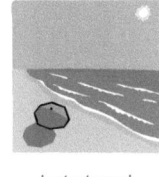

het strand

playa

de creditkaart

tarjeta de crédito

het ontbijt

desayuno

de lunch

almuerzo

het diner

cena

het kaartje

pasaje

de lift

ascensor

de postzegel

sello

de grens

frontera

de douane

aduana

de ambassade

embajada

het visum

visa

het paspoort

pasaporte

het transport
transporte

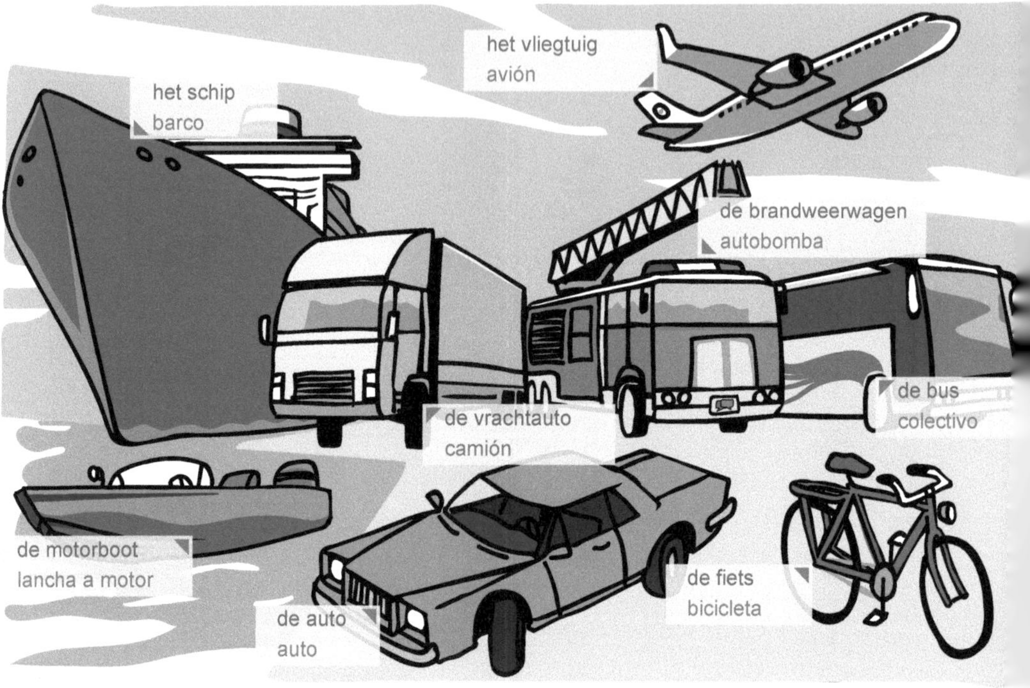
het vliegtuig
avión
het schip
barco
de brandweerwagen
autobomba
de bus
colectivo
de vrachtauto
camión
de motorboot
lancha a motor
de fiets
bicicleta
de auto
auto

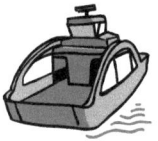

de veerboot

ferry

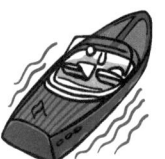

de boot

bote

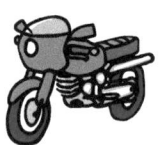

de motorfiets

moto

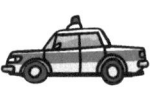

de politiewagen

patrullero

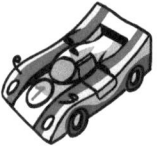

de raceauto

auto de carreras

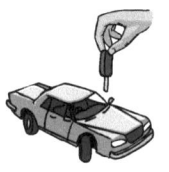

de huurauto

auto de alquiler

de carsharing

alquiler de autos

de takelwagen

grúa

de vuilniswagen

camión de basura

de motor

motor

de benzine

nafta

de benzinepomp

estación de servicio

het verkeersbord

señal de tránsito

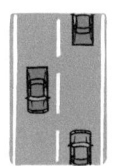

het verkeer

tránsito

de file

embotellamiento

de parkeerplaats

estacionamiento

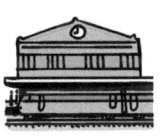

het station

estación de tren

de rails

vías

de trein

tren

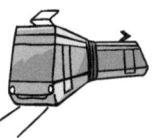

de tram

tranvía

de wagon

vagón

de helikopter

helicóptero

de luchthaven

aeropuerto

de toren

torre

de passagier

pasajero

de container

contenedor

de verhuisdoos

caja de cartón

de kar

carretilla

de mand

canasta

opstijgen / landen

despegar / aterrizar

de stad

ciudad

het dorp

pueblo

het stadscentrum

centro de ciudad

het huis

casa

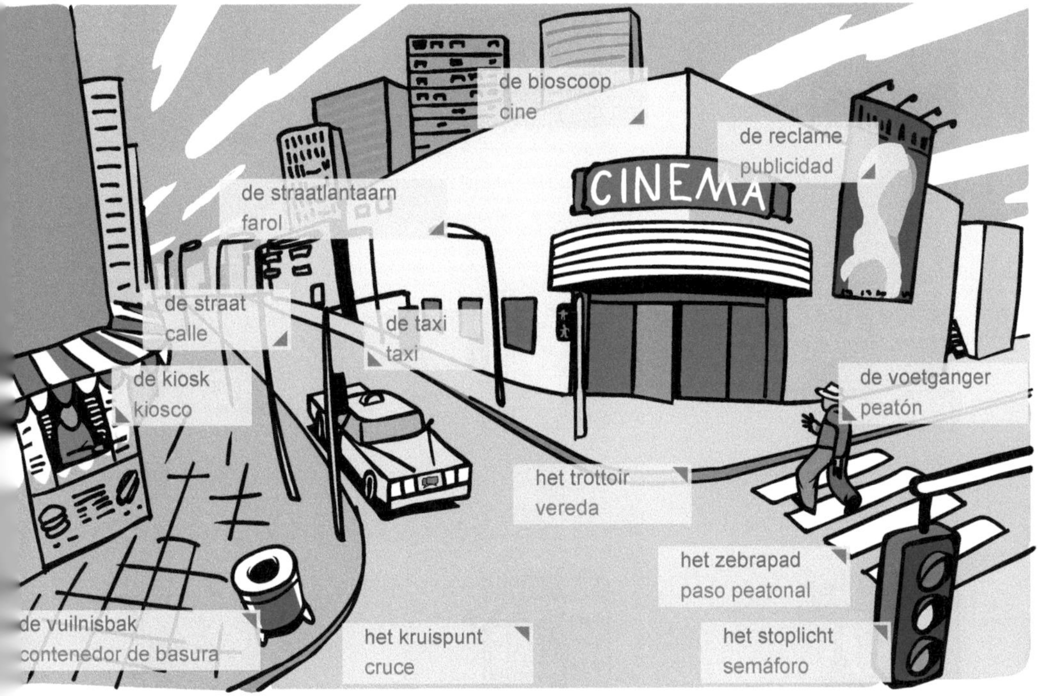

de bioscoop
cine

de reclame
publicidad

de straatlantaarn
farol

de straat
calle

de taxi
taxi

de kiosk
kiosco

de voetganger
peatón

het trottoir
vereda

het zebrapad
paso peatonal

de vuilnisbak
contenedor de basura

het kruispunt
cruce

het stoplicht
semáforo

CINEMA

de hut
cabaña

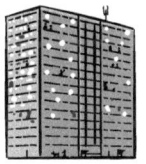

het appartement
departamento

het station
estación de tren

het stadhuis
municipalidad

het museum
museo

de school
colegio

de universiteit
universidad

de bank
banco

het ziekenhuis
hospital

het hotel
hotel

de apotheek
farmacia

het kantoor
oficina

de boekenwinkel
librería

de winkel
negocio

de bloemenwinkel
florería

de supermarkt
supermercado

de markt
mercado

het warenhuis
grandes tiendas

de visboer
pescadería

het winkelcentrum
centro comercial

de haven
puerto

het park

parque

de bank

banco

de brug

puente

de trap

escaleras

de metro

subte

de tunnel

túnel

de bushalte

parada del colectivo

de bar

bar

het restaurant

restaurante

de brievenbus

buzón

het straatnaambord

letrero

de parkeermeter

parquímetro

de dierentuin

zoológico

het zwembad

pileta

de moskee

mezquita

de boerderij

granja

de vervuiling

contaminación

de begraafplaats

cementerio

de kerk

iglesia

de speelplaats

juegos infantiles

de tempel

templo

het landschap

paisaje

het blad
hoja

de wegwijzer
poste indicador

de weg
camino

de weide
pradera

de steen
piedra

de wandelaar
excursionista

de boom
árbol

de rivier
río

het gras
hierba

de bloem
flor

de vallei
valle

de berg
montaña

het meer
lago

het bos
bosque

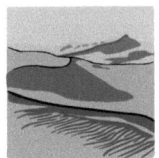

de woestijn
desierto

de vulkaan
volcán

het kasteel
castillo

de regenboog
arco iris

de paddenstoel
champiñón

de palmboom
palmera

de mug
mosquito

de vlieg
mosca

de mier
hormiga

de bij
abeja

de spin
araña

de kever

escarabajo

de kikker

rana

de eekhoorn

ardilla

de egel

erizo

de haas

liebre

de uil

lechuza

de vogel

pájaro

de zwaan

cisne

het wild zwijn

jabalí

het hert

ciervo

de eland

alce

de stuwdam

presa

de windmolen

aerogenerador

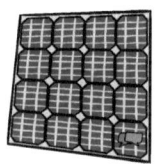

het zonnepaneel

panel solar

het klimaat

clima

het restaurant
restaurante

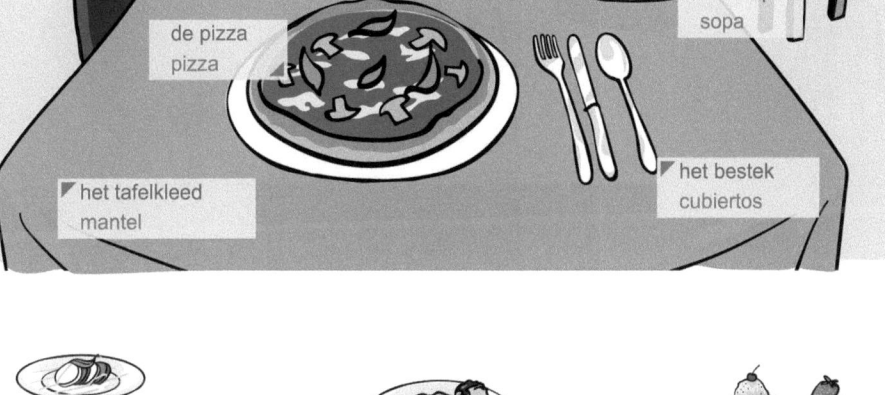

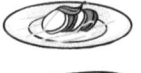

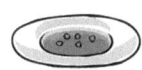

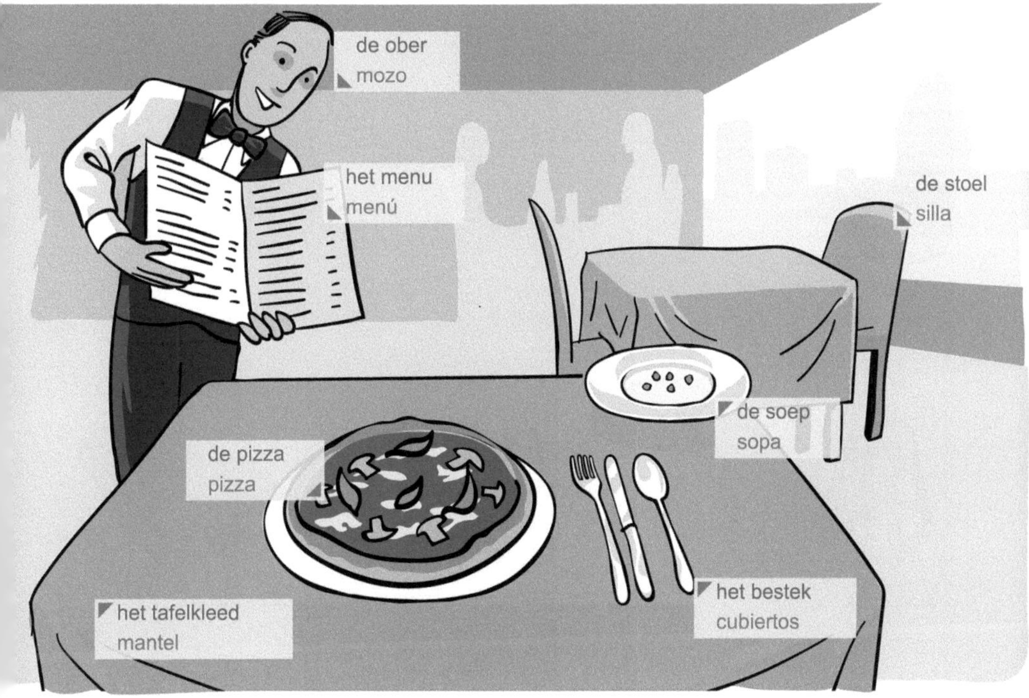
de ober
mozo
het menu
menú
de stoel
silla
de soep
sopa
de pizza
pizza
het bestek
cubiertos
het tafelkleed
mantel

het voorgerecht

entrada

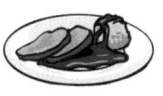

het hoofdgerecht

plato principal

het toetje

postre

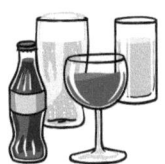

de dranken

bebidas

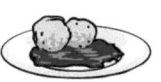

het eten

comida

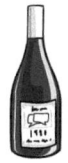

de fles

botella

de/het fastfood

comida rápida

het eetkraampje

comida callejera

de theepot

tetera

de suikerpot

azucarera

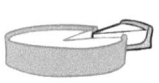

de portie

porción

de espressomachine

cafetera expreso

de kinderstoel

sillita alta

de rekening

cuenta

het dienblad

bandeja

het mes

cuchillo

de vork

tenedor

de lepel

cuchara

de theelepel

cucharita

het servet

servilleta

het glas

vaso

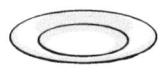

het bord
plato

het soepbord
plato hondo

de schotel
plato

de saus
salsa

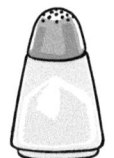

het zoutvaatje
salero

de pepermolen
molinillo de pimienta

de azijn
vinagre

de olie
aceite

de kruiden
especias

de ketchup
kétchup

de mosterd
mostaza

de mayonaise
mayonesa

de supermarkt
supermercado

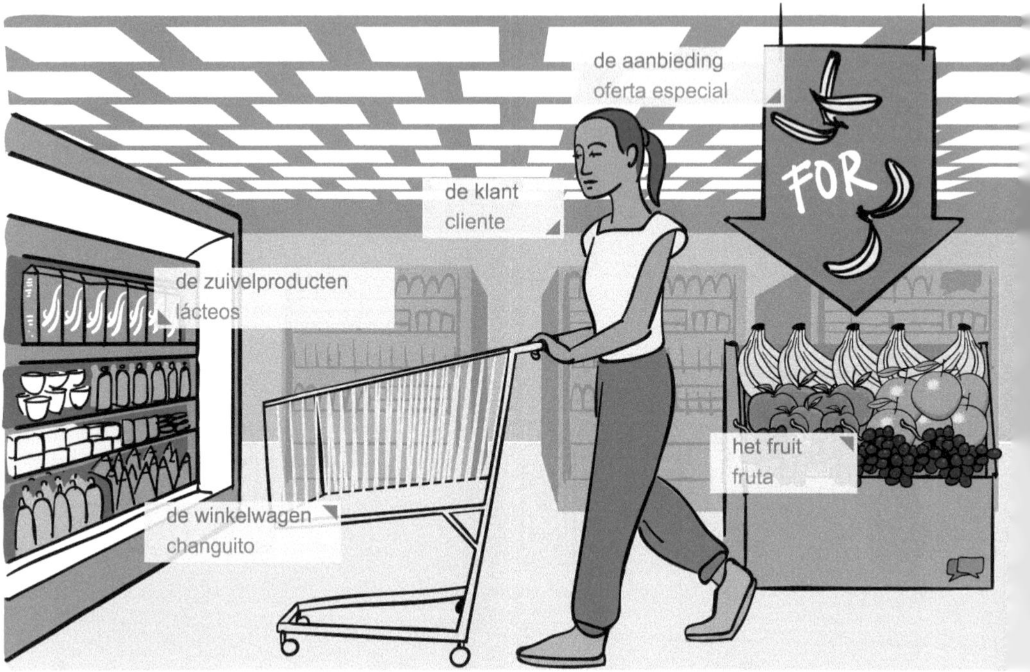

de aanbieding
oferta especial
FOR
de klant
cliente
de zuivelproducten
lácteos
het fruit
fruta
de winkelwagen
changuito

BUTCHERS

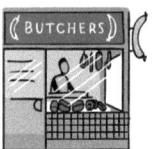

de slager

carnicería

BAKERY

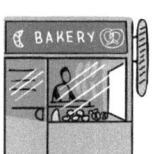

de bakkerij

panadería

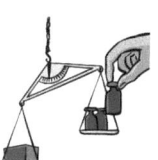

wegen

pesar

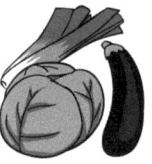

de groente

verduras

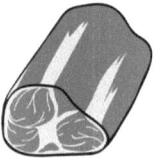

het vlees

carne

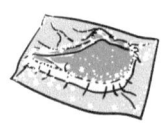

de diepvriesproducten

alimentos congelados

de vleeswaren

fiambres

de conserven

alimentos enlatados

het wasmiddel

detergente en polvo

het snoepgoed

golosinas

de huishoudelijke artikelen

electrodomésticos

het schoonmaakmiddel

productos de limpieza

de verkoopster

vendedora

de kassa

caja

de kassier

cajero

het boodschappenlijstje

lista de compras

de openingstijden

horario de atención

de portefeuille

billetera

de creditkaart

tarjeta de crédito

de tas

cartera

de plastic zak

bolsa de plástico

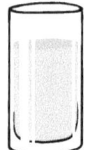

het water

agua

het sap

jugo

de melk

leche

de cola

bebida cola

de wijn

vino

het bier

cerveza

de alcohol

alcohol

de chocolademelk

cacao

de thee

té

de koffie

café

de espresso

café expreso

de cappuccino

cappuccino

de banaan

banana

de appel

manzana

de sinaasappel

naranja

de watermeloen

melón

de citroen

limón

de wortel

zanahoria

de knoflook

ajo

de bamboe

bambú

de ui

cebolla

de paddenstoel

champiñón

de noten

nueces

de pasta

fideos

de spaghetti

tallarines

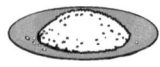

de rijst

arroz

de salade

ensalada

de friet

papas fritas

de gebakken aardappelen

papas fritas

de pizza

pizza

de hamburger

hamburguesa

de sandwich

sándwich

de schnitzel

churrasco

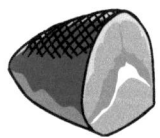

de ham

jamón

de salami

salame

de worst

salchicha

de kip

pollo

het gebraad

asado

de vis

pescado

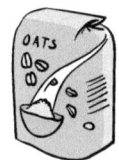

de havermout

copos de avena

de muesli

muesli

de cornflakes

copos de maíz

het meel

harina

de croissant

medialuna

de broodjes

pancito

het brood

pan

de toast

tostada

de koekjes

galletitas

de boter

manteca

de kwark

cuajada

de taart

torta

het ei

huevo

het gebakken ei

huevo frito

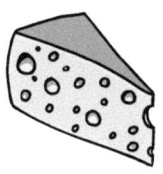

de kaas

queso

het ijs

helado

de suiker

azúcar

de honing

miel

de jam

mermelada

de chocoladepasta

pasta de chocolate

de kerrie

curry

de boerderij
granja

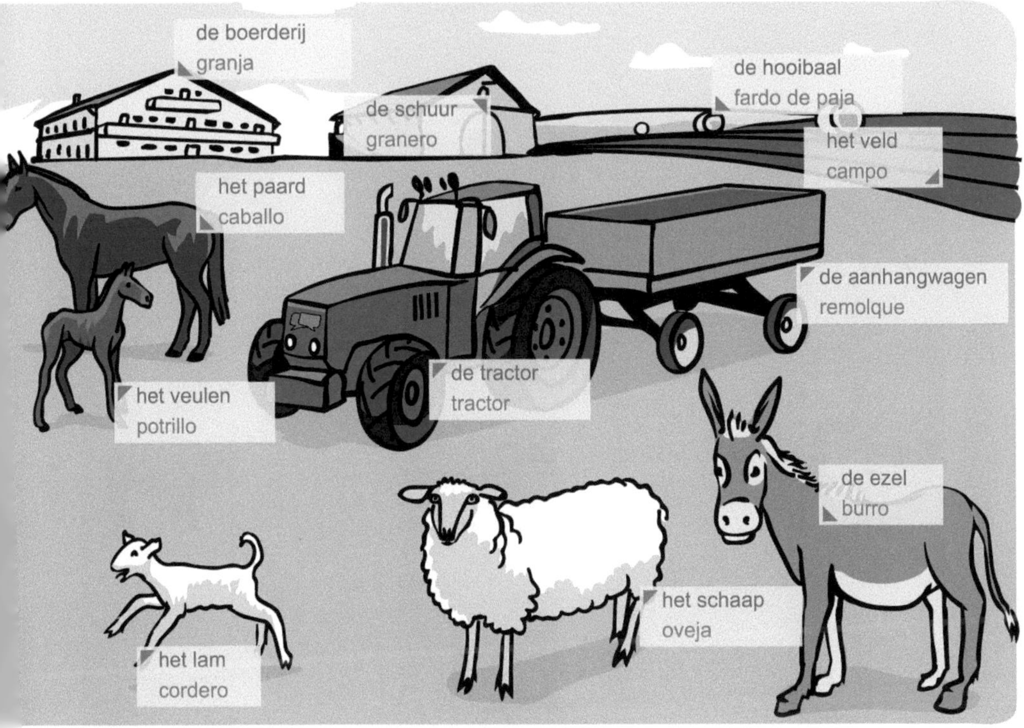
de boerderij
granja
de schuur
granero
de hooibaal
fardo de paja
het veld
campo
het paard
caballo
de aanhangwagen
remolque
de tractor
tractor
het veulen
potrillo
de ezel
burro
het schaap
oveja
het lam
cordero

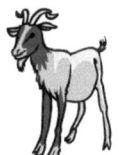

de geit

cabra

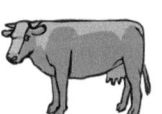

de koe

vaca

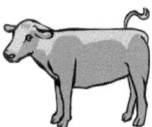

het kalf

ternero

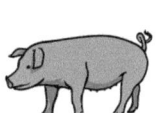

het varken

cerdo

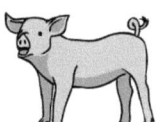

de big

lechón

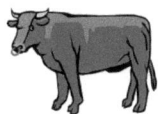

de stier

toro

de gans

ganso

de eend

pato

het kuiken

pollo

de kip

gallina

de haan

gallo

de rat

rata

de kat

gato

de muis

ratón

de os

buey

de hond

perro

het hondenhok

cucha

de tuinslang

manguera

de gieter

regadera

de zeis

guadaña

de ploeg

arado

de sikkel
hoz

de schoffel
azada

de hooivork
horquilla

de bijl
hacha

de kruiwagen
carretilla

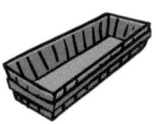

de trog
abrevadero

de melkbus
lechera

de zak
bolsa

het hek
reja

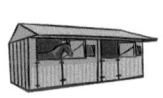

de stal
establo

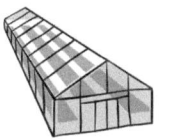

de broeikas
invernadero

de grond
suelo

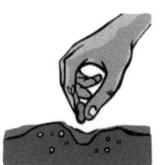

het zaad
semilla

de mest
fertilizador

de maaidorser
cosechadora

oogsten
....
cosechar

de oogst
....
cosecha

de yam
....
batatas

de tarwe
....
trigo

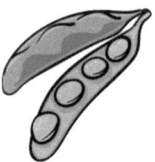

de soja
....
soja

de aardappel
....
papa

de maïs
....
maíz

het koolzaad
....
semilla de colza

de fruitboom
....
árbol frutal

de maniok
....
mandioca

de granen
....
cereales

het huis

casa

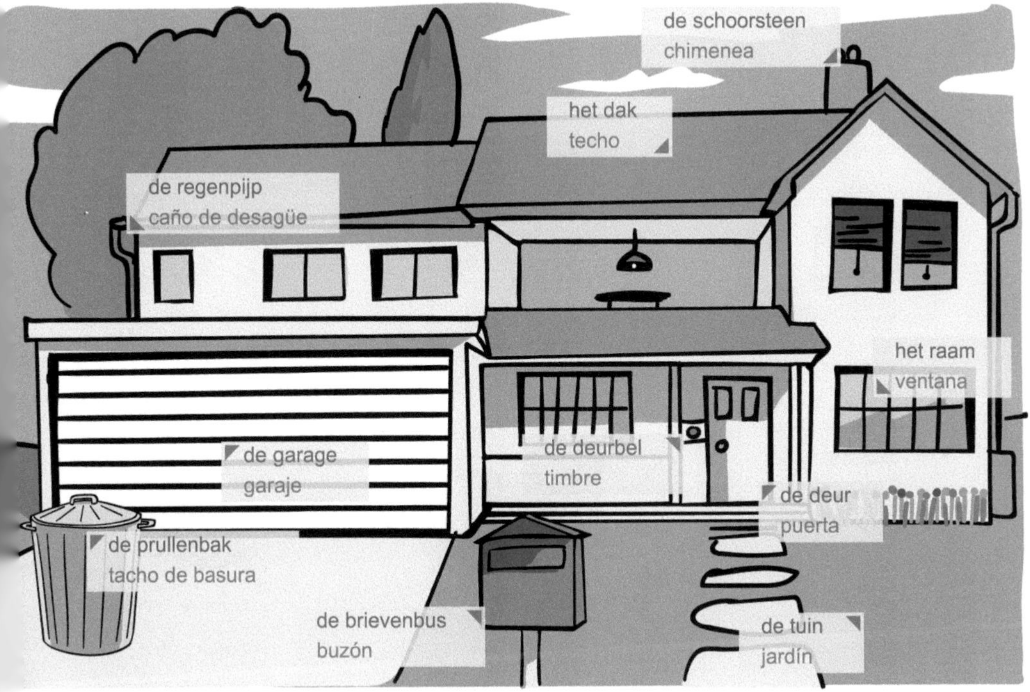
de schoorsteen
chimenea
het dak
techo
de regenpijp
caño de desagüe
het raam
ventana
de deurbel
timbre
de garage
garaje
de deur
puerta
de prullenbak
tacho de basura
de brievenbus
buzón
de tuin
jardín

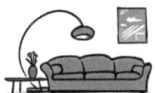

de woonkamer

living

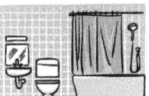

de badkamer

baño

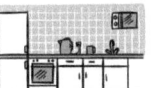

de keuken

cocina

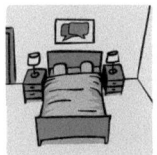

de slaapkamer

dormitorio

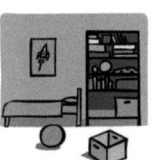

de kinderkamer

cuarto de los chicos

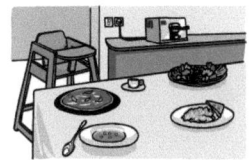

de eetkamer

comedor

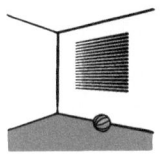

de vloer

piso

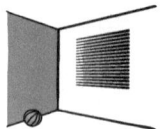

de muur

pared

het plafond

cielorraso

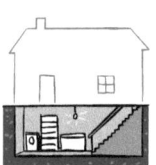

de kelder

sótano

de sauna

sauna

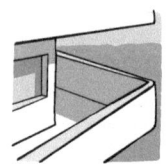

het balkon

balcón

het terras

terraza

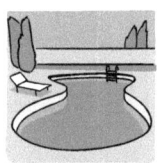

het zwembad

pileta

de grasmaaier

cortadora de pasto

het laken

sábana

de bedsprei

acolchado

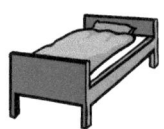

het bed

cama

de bezem

escoba

de emmer

balde

de schakelaar

interruptor

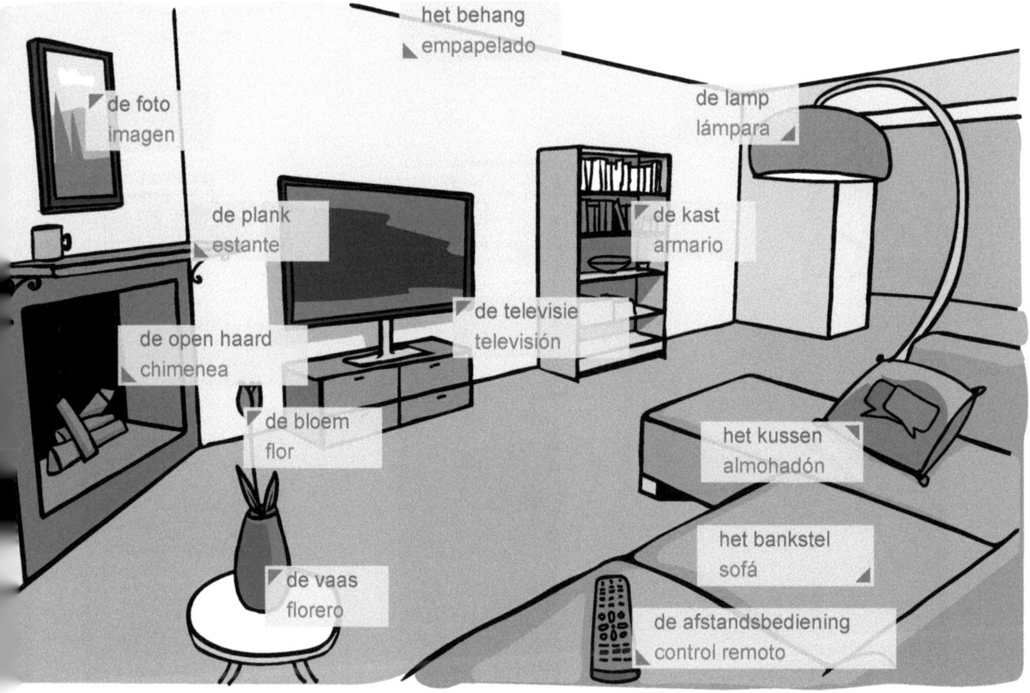

de foto / imagen

het behang / empapelado

de lamp / lámpara

de plank / estante

de kast / armario

de open haard / chimenea

de televisie / televisión

de bloem / flor

het kussen / almohadón

het bankstel / sofá

de vaas / florero

de afstandsbediening / control remoto

het tapijt
alfombra

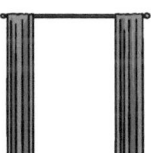

het gordijn
cortina

de tafel
mesa

de stoel
silla

de schommelstoel
mecedora

de stoel
sillón

het boek
libro

de deken
frazada

de decoratie
decoración

het brandhout
leña

de film
película

de stereo-installatie
equipo de música

de sleutel
llave

de krant
diario

het schilderij
pintura

de poster
póster

de radio
radio

het kladblok
cuaderno

de stofzuiger
aspiradora

de cactus
cactus

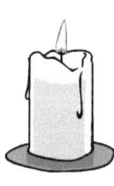

de kaars
vela

de keuken
cocina

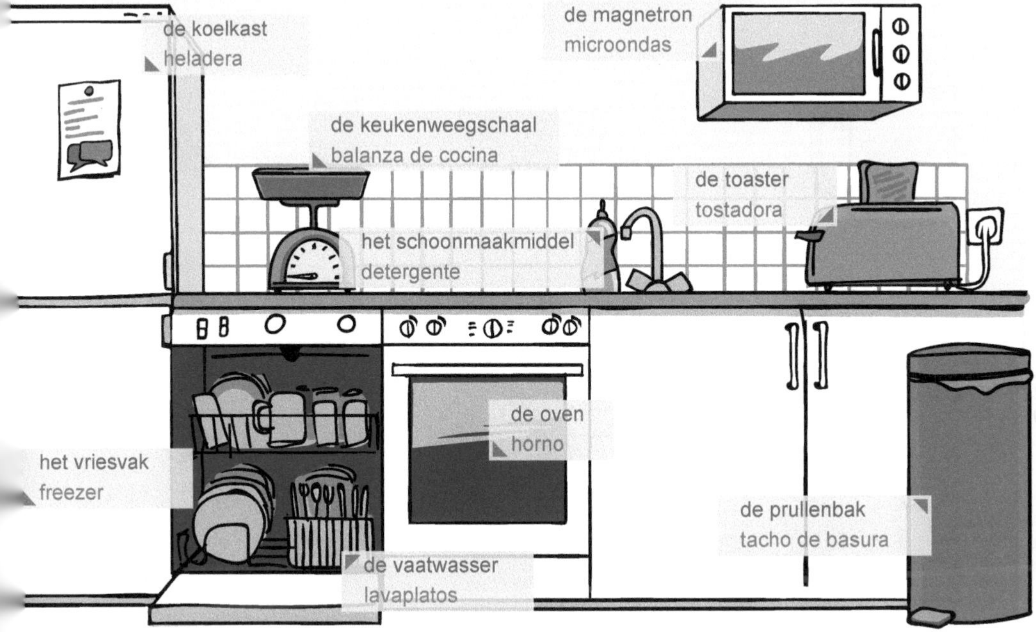
de koelkast
heladera
de magnetron
microondas
de keukenweegschaal
balanza de cocina
de toaster
tostadora
het schoonmaakmiddel
detergente
de oven
horno
het vriesvak
freezer
de prullenbak
tacho de basura
de vaatwasser
lavaplatos

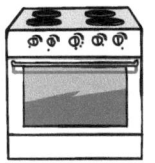

het fornuis

cocina

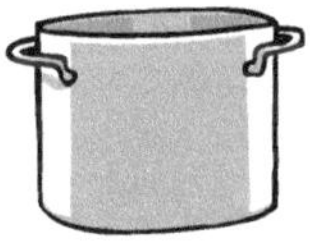

de pan

olla

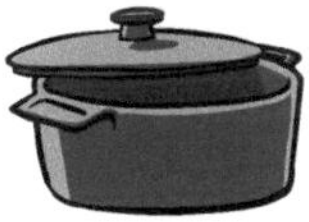

de gietijzeren pan

olla de hierro fundido

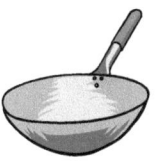

de wok / kadai

wok

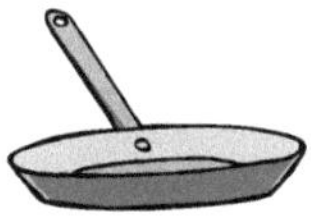

de koekenpan

sartén

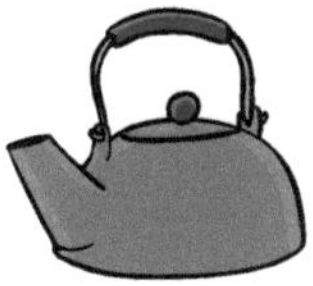

de ketel

pava

de stoomkoker

vaporera

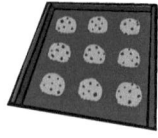

de bakplaat

bandeja de horno

het servies

vajilla

de beker

taza

de kom

bol

de eetstokjes

palitos

de soeplepel

cucharón

de spatel

estpátula

de garde

batidora

het vergiet

colador

de zeef

colador

de rasp

rallador

de vijzel

mortero

de barbecue

parrilla

de vuurhaard

fogata

de snijplank

tabla de picar

de deegroller

palo de amasar

de kurkentrekker

sacacorchos

het blik

lata

de blikopener

abrelatas

de pannenlap

manopla

de wasbak

pileta

de borstel

cepillo

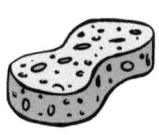

de spons

esponja

de blender

batidora

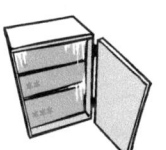

de vriezer

congelador

het babyflesje

mamadera

de kraan

canilla

de badkamer

baño

de verwarming
calefacción
de douche
ducha
de handdoek
toalla
het douchegordijn
cortina de ducha
het bubbelbad
baño de espuma
het bad
bañadera
het glas
vaso
de wasmachine
lavarropas
de kraan
canilla
de tegels
baldosas
het potje
pelela
de wasbak
pileta

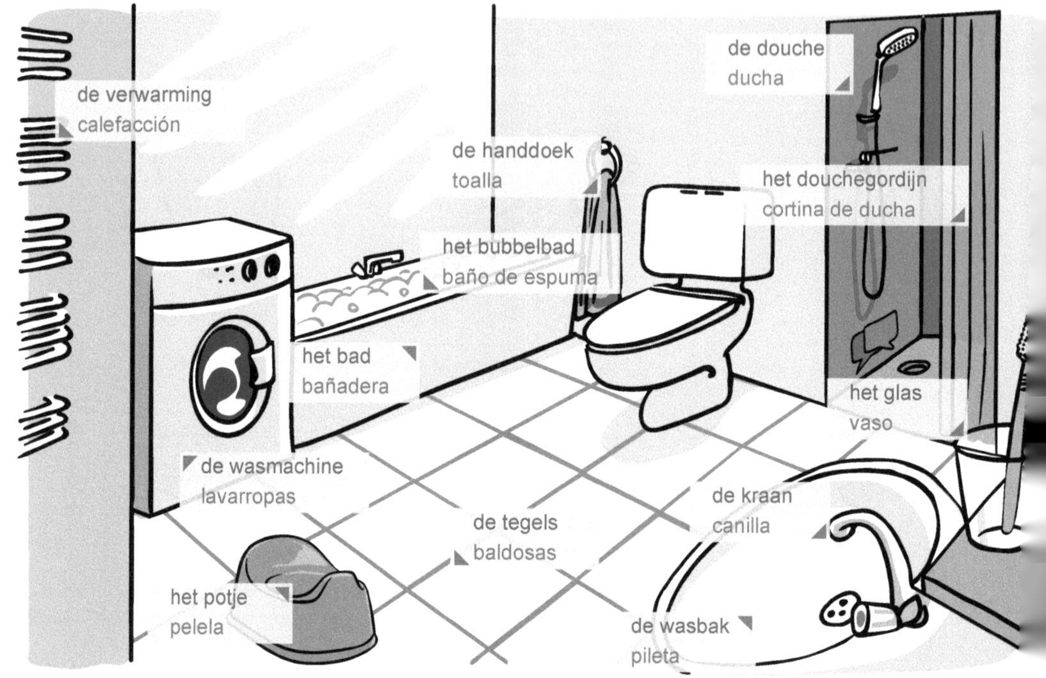

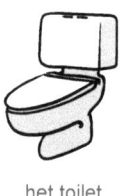

het toilet
inodoro

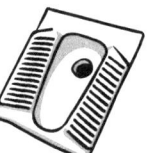

het hurktoilet
letrina

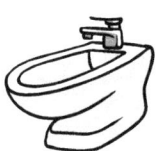

de/het bidet
bidé

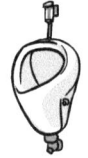

het urinoir
mingitorio

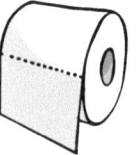

het toiletpapier
papel higiénico

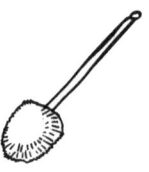

de toiletborstel
cepillo para el inodoro

de tandenborstel

cepillo de dientes

de tandpasta

dentífrico

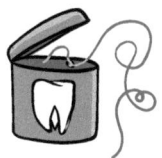

het flosdraad

hilo dental

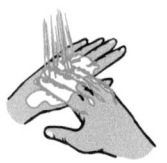

wassen

lavar

de handdouche

ducha de mano

de toiletdouche

ducha higiénica

de waskom

palangana

de rugborstel

cepillo para espalda

de zeep

jabón

de douchegel

gel de ducha

de shampoo

shampoo

het washandje

toallita

de afvoer

desagüe

de creme

crema

de deodorant

desodorante

de spiegel
espejo

de make-upspiegel
espejito

het scheermes
maquinita de afeitar

het scheerschuim
espuma de afeitar

de aftershave
aftershave

de kam
peine

de borstel
cepillo

de haardroger
secador de pelo

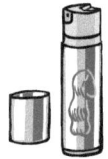

de haarspray
spray

de make-up
maquillaje

de lippenstift
lápiz de labios

de nagellak
esmalte para uñas

de watten
algodón

het nagelschaartje
tijera para uñas

de/het parfum
perfume

de toilettas

portacosméticos

de kruk

banqueta

de weegschaal

balanza

de badjas

bata

de rubber handschoenen

guantes de goma

de tampon

tampón

het maandverband

toallita femenina

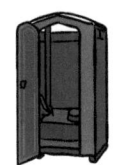

het chemisch toilet

baño químico

de kinderkamer

cuarto de los chicos

de wekker
despertador
het knuffeldier
peluche
de speelgoedauto
coche de juguete
de rammelaar
sonajero
het poppenhuis
casa de muñecas
het cadeau
regalo

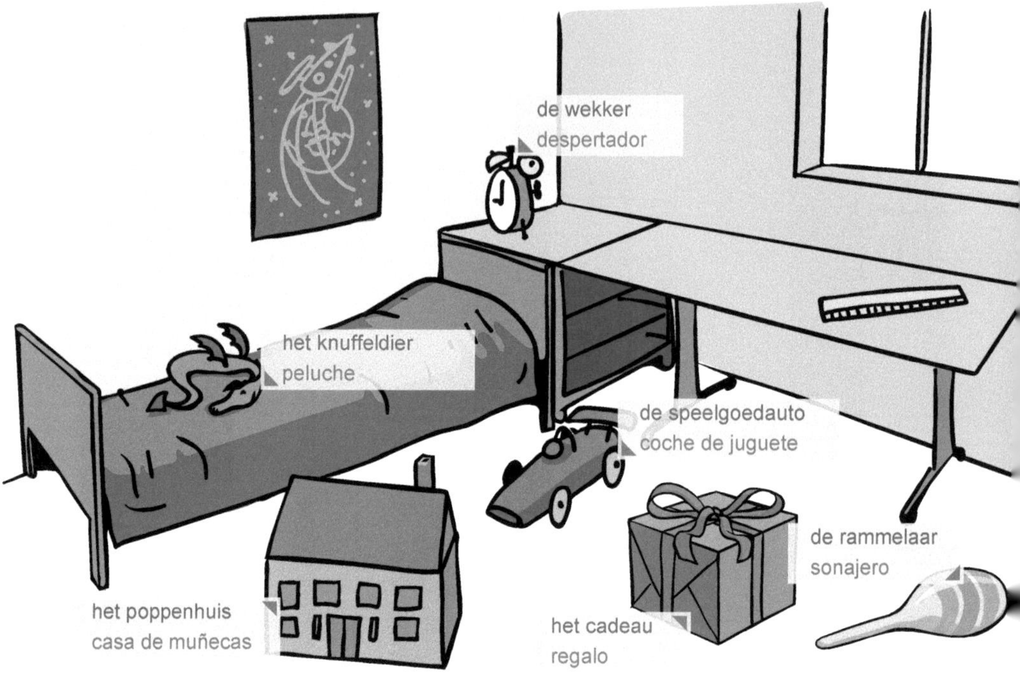

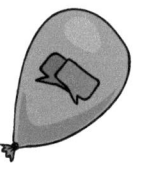

de ballon
globo

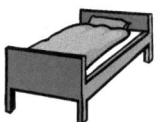

het bed
cama

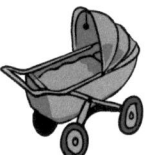

de kinderwagen
cochecito

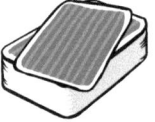

het kaartspel
cartas

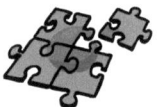

de puzzel
rompecabezas

het stripverhaal
historieta

de legostenen

piezas de lego

de speelgoedblokken

ladrillos de juguete

het actiefiguurtje

figura de acción

de romper

enterito (de bebé)

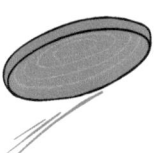

de frisbee

frisbee

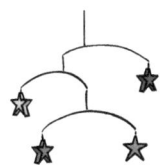

de/het mobile

móvil para bebés

het bordspel

juego de mesa

de dobbelsteen

dados

de modeltrein

tren eléctrico

de speen

chupete

het feestje

fiesta

het prentenboek

libro de cuentos ilustrado

de bal

pelota

de pop

muñeca

spelen

jugar

de zandbak

arenero

de schommel

hamaca

het speelgoed

juguetes

de spelcomputer

consola de videojuegos

de driewieler

triciclo

de teddybeer

osito de peluche

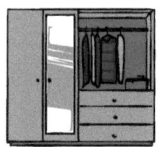

de kleerkast

armario

de kleding

ropa

de sokken

medias

de kousen

medias panty

de panty

calzas

de sjaal
bufanda

de paraplu
paraguas

het T-shirt
remera

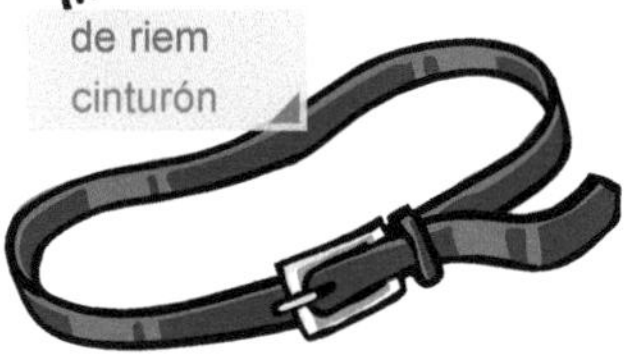

de riem
cinturón

de laarzen
botas

de pantoffels
pantuflas

de sportschoenen
zapatillas

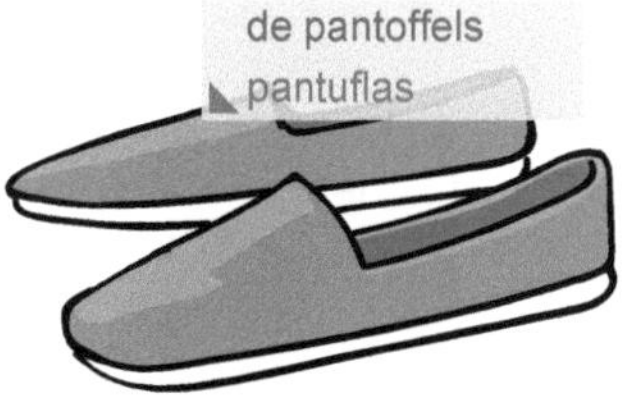

de sandalen

sandalias

de schoenen

zapatos

de rubberlaarzen

botas de goma

de onderbroek

ropa interior

de beha

corpiño

het onderhemd

chaleco

de body

body

de broek

pantalones

de spijkerbroek

jeans

de rok

pollera

de blouse

blusa

het overhemd

camisa

de trui

pulóver

de hoody

buzo

de blazer

blazer

de jas

campera

de mantel

tapado

de regenjas

piloto

het kostuum

traje

de jurk

vestido

de trouwjurk

vestido de novia

de kleding - ropa

het pak
traje

het nachthemd
camisón

de pyjama
pijama

de sari
sari

de hoofddoek
pañuelo para cabeza

de tulband
turbante

de boerka
burka

de kaftan
caftán

de abaja
abaya

het zwempak
traje de baño

de zwembroek
short de baño

de korte broek
shorts

het trainingspak
jogging

de/het schort
delantal

de handschoenen
guantes

de knoop

botón

de bril

anteojos

de armband

pulsera

de ketting

collar

de ring

anillo

de oorbel

aro

de pet

gorra

de kledinghanger

percha

de hoed

sombrero

de stropdas

corbata

de rits

cierre

de helm

casco

de bretels

tiradores

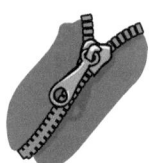

het schooluniform

uniforme escolar

het uniform

uniforme

het slabbetje

babero

de speen

chupete

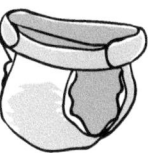

de luier

pañal

het kantoor
oficina

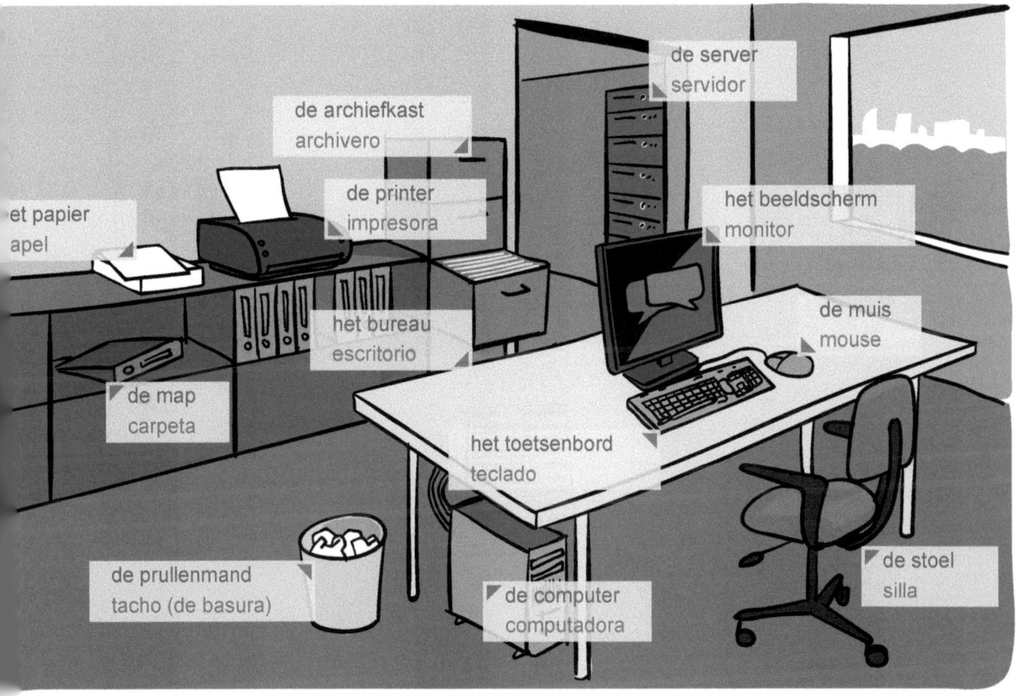

de server
servidor

de archiefkast
archivero

de printer
impresora

het papier
apel

het beeldscherm
monitor

het bureau
escritorio

de muis
mouse

de map
carpeta

het toetsenbord
teclado

de prullenmand
tacho (de basura)

de computer
computadora

de stoel
silla

de koffiemok

taza de café

de rekenmachine

calculadora

het internet

internet

de laptop

laptop

de brief

carta

het bericht

mensaje

de mobiele telefoon

celular

het netwerk

red

de kopieermachine

fotocopiadora

de software

software

de telefoon

teléfono

het stopcontact

tomacorriente

de fax

fax

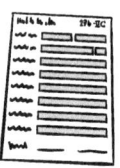

het formulier

formulario

het document

documento

kopen

comprar

betalen

pagar

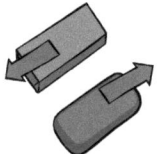

handel drijven

hacer negocios

het geld

dinero

de dollar

dólar

de euro

euro

de yen

yen

de roebel

rublo

de Zwitserse frank

franco suizo

de renminbi yuan

yuan

de roepie

rupia

de geldautomaat

cajero automático

het wisselkantoor

casa de cambio

het goud

oro

het zilver

plata

de olie

petróleo

de energie

energía

de prijs

precio

het contract

contrato

de belasting

impuesto

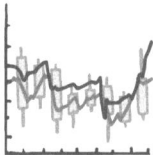

het aandeel

acción

werken

trabajar

de werknemer

empleado

de werkgever

empleador

de fabriek

fábrica

de winkel

negocio

de economie - economía

de beroepen
ocupaciones

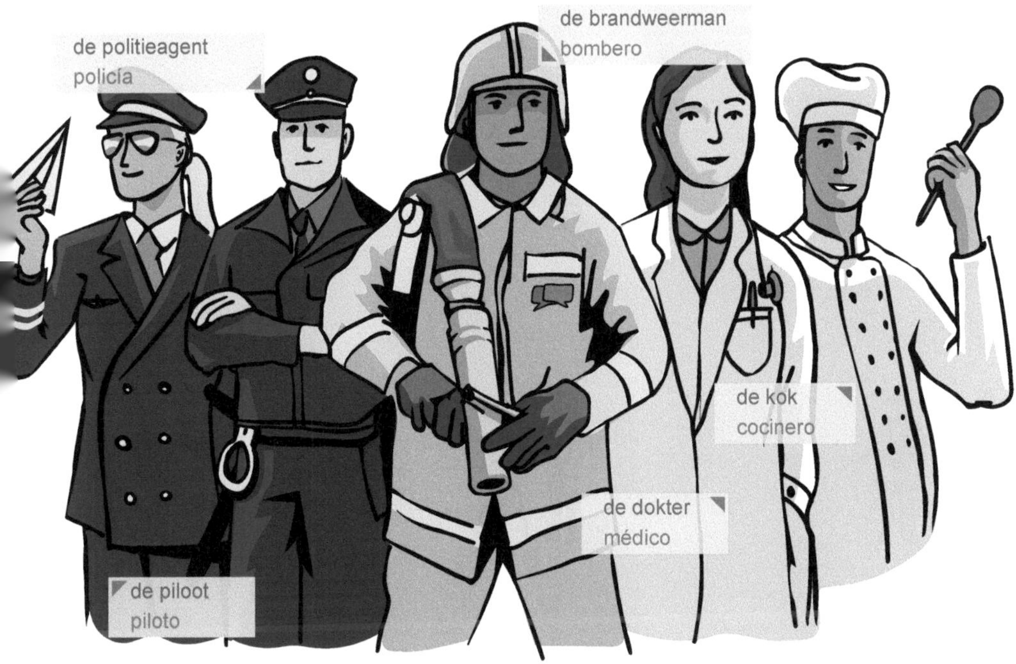
de politieagent
policía
de brandweerman
bombero
de kok
cocinero
de dokter
médico
de piloot
piloto

de tuinman
jardinero

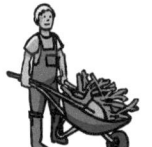

de timmerman
carpintero

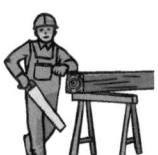

de naaister
modista

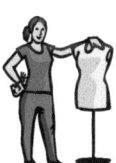

de rechter
juez

de scheikundige
farmacéutico

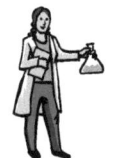

de toneelspeler
actor

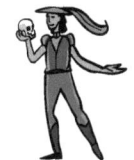

de buschauffeur

colectivero

de taxichauffeur

taxista

de visser

pescador

de schoonmaakster

mucama

de dakdekker

techista

de ober

mozo

de jager

cazador

de schilder

pintor

de bakker

panadero

de elektricien

electricista

de bouwvakker

albañil

de ingenieur

ingeniero

de slager

carnicero

de loodgieter

plomero

de postbode

cartero

de soldaat

soldado

de architect

arquitecto

de kassier

cajero

de bloemist

florista

de kapper

peluquero

de conducteur

cobrador

de monteur

mecánico

de kapitein

capitán

de tandarts

dentista

de wetenschapper

científico

de rabbi

rabino

de imam

imán

de monnik

monje

de pastoor

sacerdote

het gereedschap

herramientas

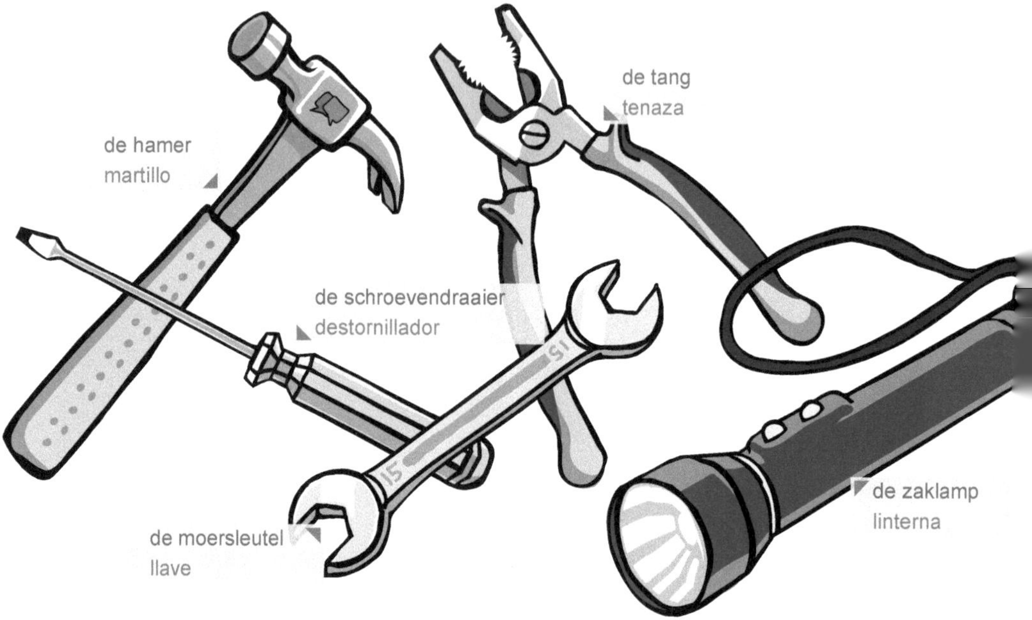
de hamer
martillo
de tang
tenaza
de schroevendraaier
destornillador
de moersleutel
llave
de zaklamp
linterna

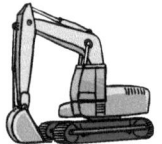

de graafmachine

excavadora

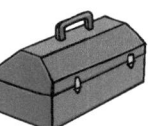

de gereedschapskist

caja de herramientas

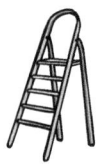

de ladder

escalera portátil

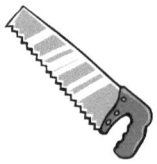

de zaag

sierra

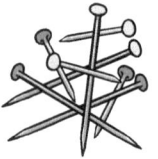

de spijkers

clavos

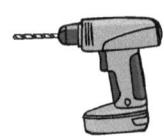

de boor

taladro

repareren

arreglar

de schep

pala de jardín

Verdorie!

¡Qué bronca!

het stofblik

pala de plástico

de verfpot

tacho de pintura

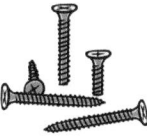

de schroeven

tornillos

de muziekinstrumenten
instrumentos musicales

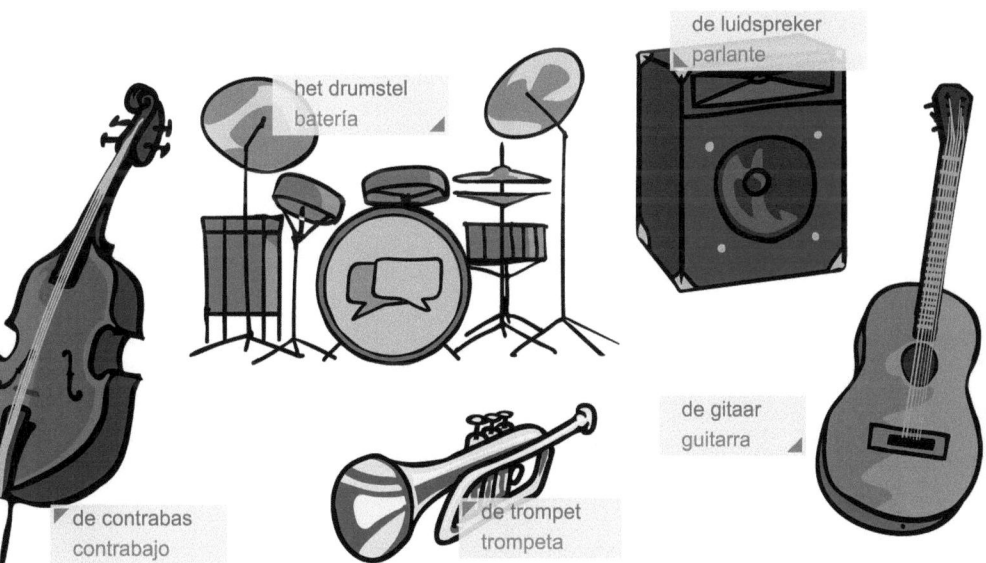

de luidspreker
parlante

het drumstel
batería

de gitaar
guitarra

de contrabas
contrabajo

de trompet
trompeta

de piano

piano

de viool

violín

de bas

bajo

de pauk

timbales

de trommel

tambor

het keyboard

teclado

de saxofoon

saxofón

de fluit

flauta

de microfoon

micrófono

de dierentuin
zoológico

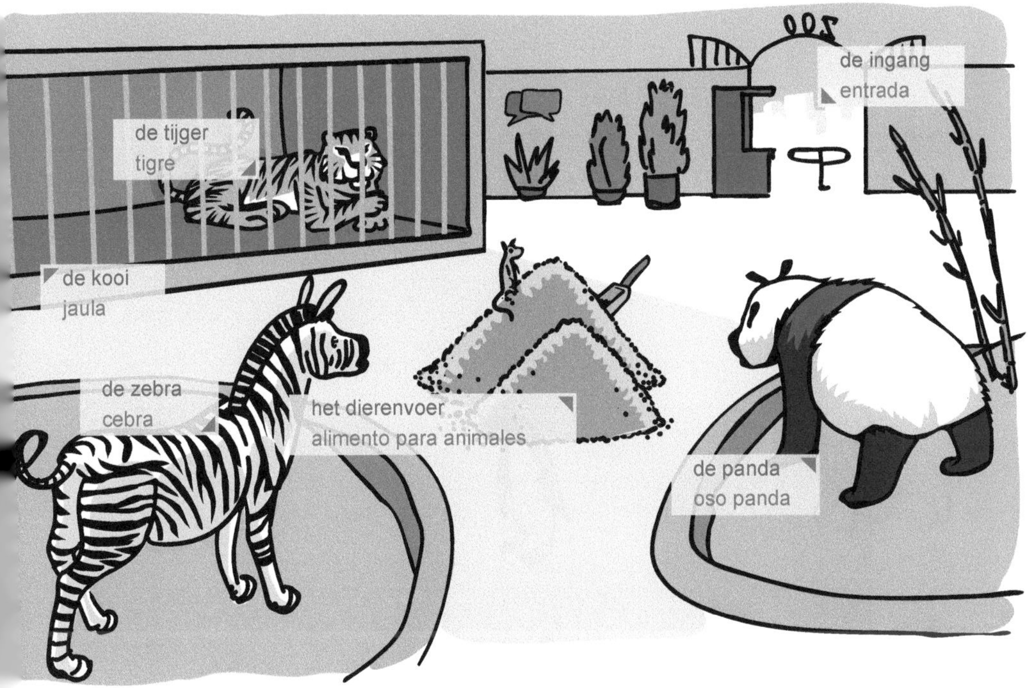
de ingang
entrada
de tijger
tigre
de kooi
jaula
de zebra
cebra
het dierenvoer
alimento para animales
de panda
oso panda

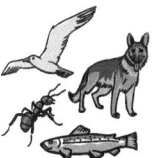

de dieren

animales

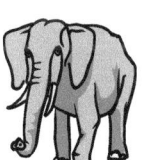

de olifant

elefante

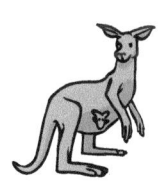

de kangoeroe

canguro

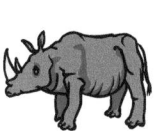

de neushoorn

rinoceronte

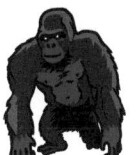

de gorilla

gorila

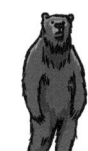

de beer

oso

de kameel
camello

de struisvogel
avestruz

de leeuw
león

de aap
mono

de flamingo
flamenco

de papegaai
loro

de ijsbeer
oso polar

de pinguïn
pingüino

de haai
tiburón

de pauw
pavo real

de slang
serpiente

de krokodil
cocodrilo

de dierenverzorger
cuidador del zoológico

de zeehond
foca

de jaguar
jaguar

de pony

poni

de/het luipaard

leopardo

het nijlpaard

hipopótamo

de giraffe

jirafa

de adelaar

águila

het wild zwijn

jabalí

de vis

pescado

de schildpad

tortuga

de walrus

morsa

de vos

zorro

de gazelle

gacela

American football
fútbol americano

wielrennen
ciclismo

tennis
tenis

basketbal
básquet

zwemmen
natación

boksen
boxeo

ijshockey
hockey sobre hielo

voetbal
fútbol

badminton
bádminton

atletiek
atletismo

handbal
handball

skiën
esquí

polo
polo

de activiteiten
actividades

lachen
reír
springen
saltar
knuffelen
abrazar
lopen
caminar
zingen
cantar
dromen
soñar
bidden
rezar
kussen
besar

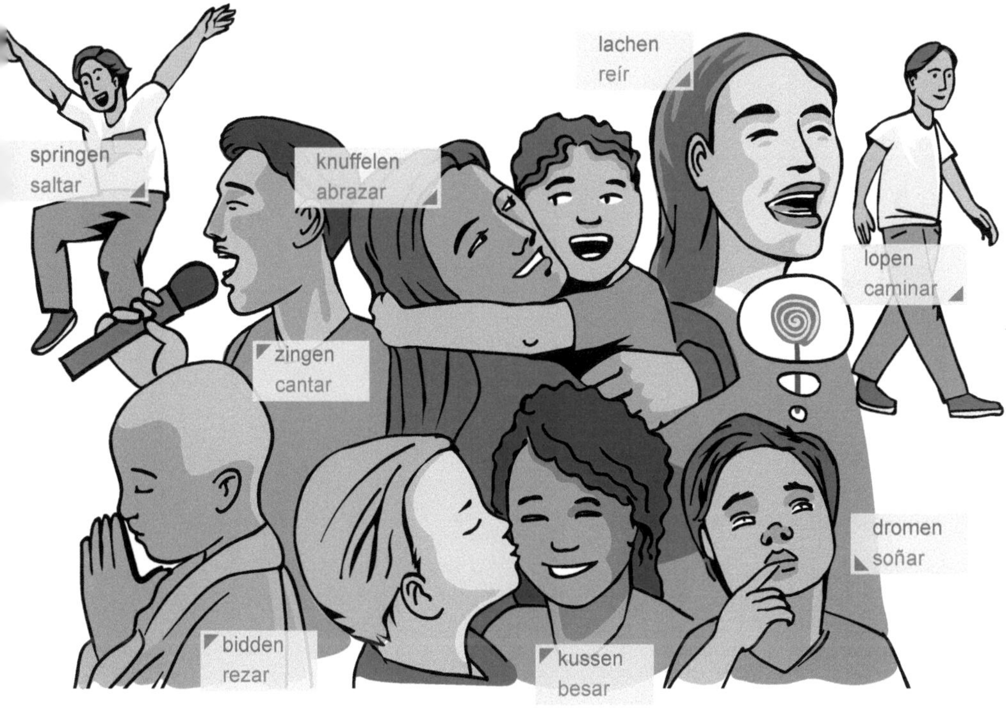

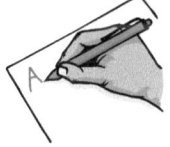

schrijven

escribir

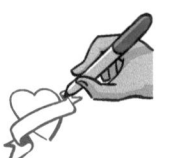

tekenen

dibujar

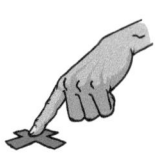

tonen

mostrar

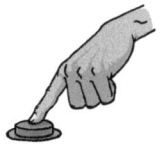

duwen

presionar

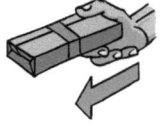

geven

dar

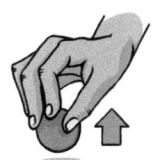

oppakken

tomar

hebben

tener

doen

hacer

zijn

ser

staan

estar parado

rennen

correr

trekken

tirar

gooien

tirar

vallen

caer

liggen

estar acostado

wachten

esperar

dragen

llevar

zitten

estar sentado

aankleden

vestirse

slapen

dormir

wakker worden

despertar

bekijken

mirar

huilen

llorar

strelen

acariciar

kammen

peinar

praten

hablar

begrijpen

entender

vragen

preguntar

horen

escuchar

drinken

beber

eten

comer

opruimen

ordenar

houden van

amar

koken

cocinar

rijden

manejar

vliegen

volar

zeilen

navegar

rekenen

calcular

lezen

leer

leren

aprender

werken

trabajar

trouwen

casarse

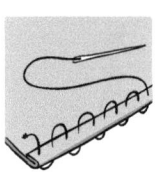

naaien

coser

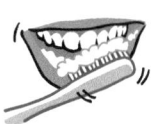

tandenpoetsen

cepillarse los dientes

doden

matar

roken

fumar

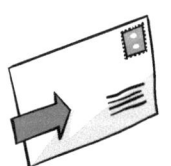

verzenden

enviar

de familie

familia

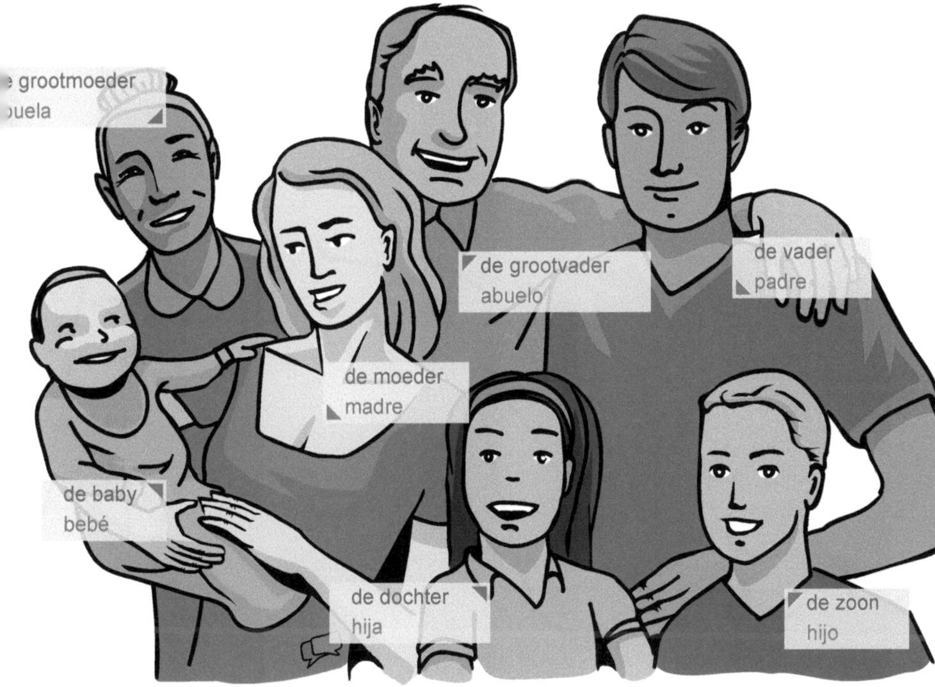

grootmoeder
buela
de grootvader
abuelo
de vader
padre
de moeder
madre
de baby
bebé
de dochter
hija
de zoon
hijo

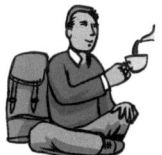

de gast

invitado

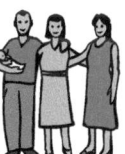

de tante

tía

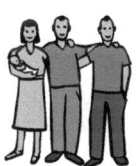

de oom

tío

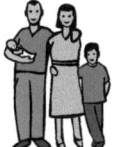

de broer

hermano

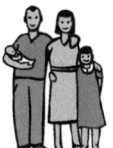

de zus

hermana

het lichaam
cuerpo

het voorhoofd
frente
het oog
ojo
de schouder
hombro
de vinger
dedo
het gezicht
cara
de kin
pera
de hand
mano
het been
pierna
de borst
pecho
de arm
brazo

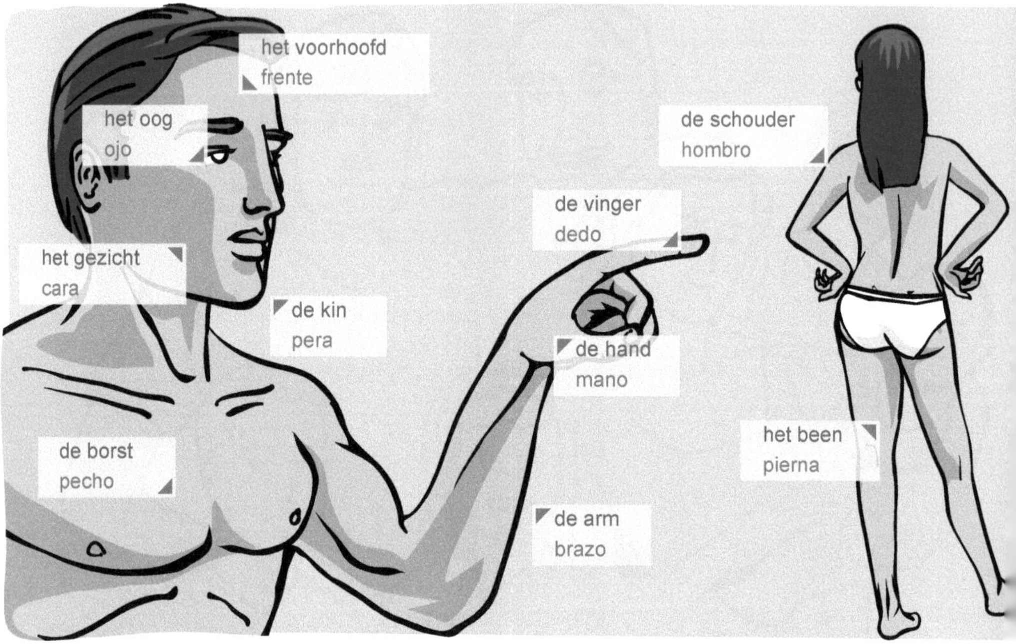

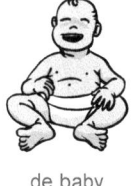

de baby
bebé

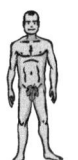

de man
hombre

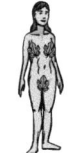

de vrouw
mujer

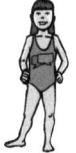

het meisje
nena

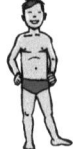

de jongen
nene

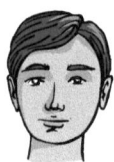

het hoofd
cabeza

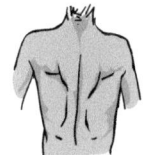

de rug

espalda

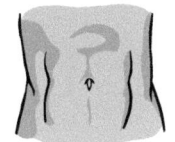

de buik

panza

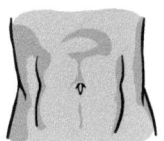

de navel

ombligo

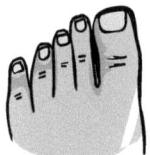

de teen

dedo del pie

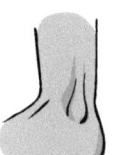

de hiel

talón

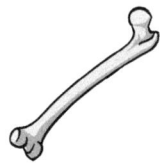

het bot

hueso

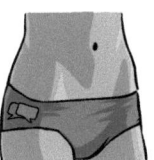

de heup

cadera

de knie

rodilla

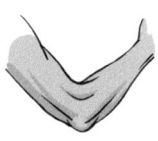

de elleboog

codo

de neus

nariz

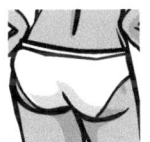

het achterwerk

cola

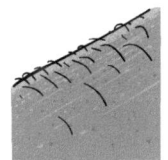

de huid

piel

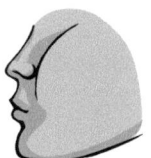

de wang

cachete

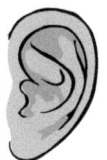

het oor

oreja

de lippen

labio

de mond

boca

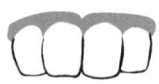

de tand

diente

de tong

lengua

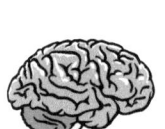

de hersenen

cerebro

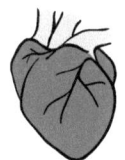

het hart

corazón

de spier

músculo

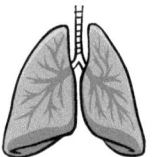

de long

pulmón

de lever

hígado

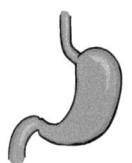

de maag

estómago

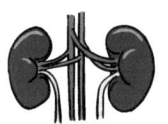

de nieren

riñones

de geslachtsgemeenschap

sexo

het condoom

preservativo

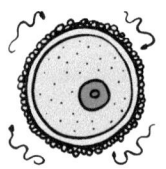

de eicel

óvulo

het sperma

semen

de zwangerschap

embarazo

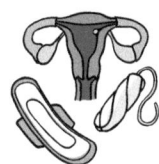

de menstruatie

menstruación

de vagina

vagina

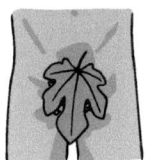

de penis

pene

de wenkbrauw

ceja

het haar

pelo

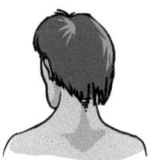

de hals

cuello

het ziekenhuis
hospital

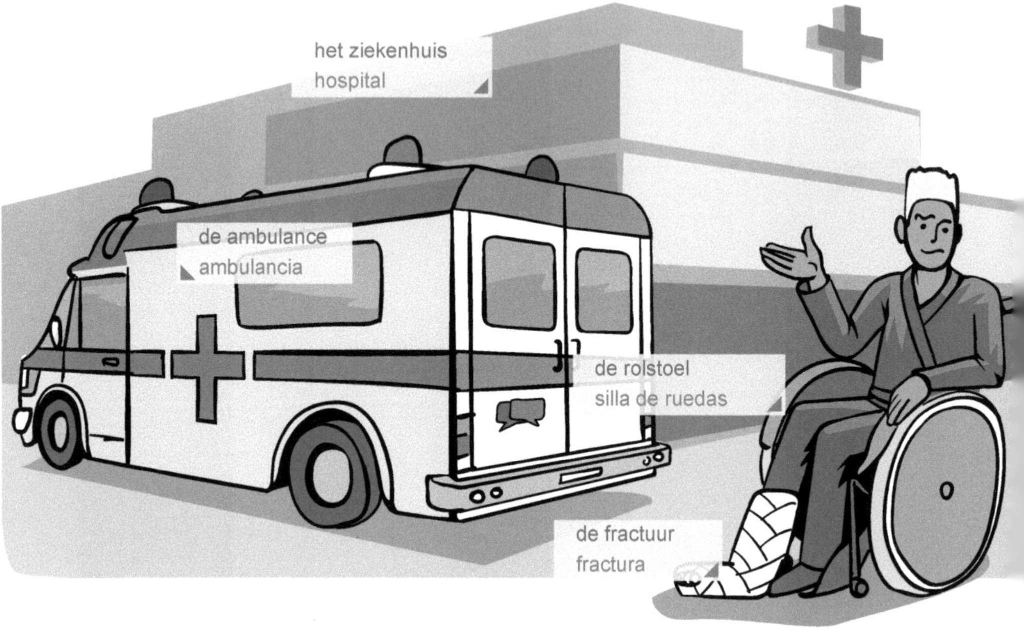

het ziekenhuis
hospital
de ambulance
ambulancia
de rolstoel
silla de ruedas
de fractuur
fractura

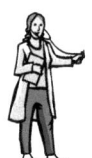

de dokter

médico

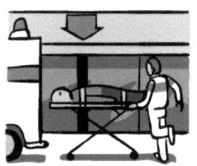

de EHBO

sala de guardia

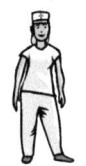

de verpleegster

enfermera

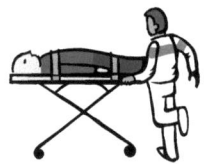

het noodgeval

emergencia

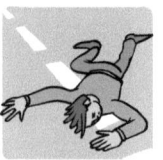

bewusteloos

inconsciente

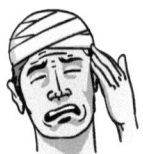

de pijn

dolor

de verwonding

lesión

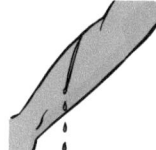

de bloeding

hemorragia

de hartaanval

infarto

de beroerte

ACV

de allergie

alergia

de hoest

tos

de koorts

fiebre

de griep

gripe

de diarree

diarrea

de hoofdpijn

dolor de cabeza

de kanker

cáncer

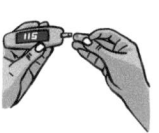

de diabetes

diabetes

de chirurg

cirujano

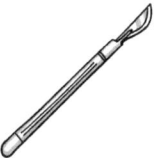

het scalpel

bisturí

de operatie

operación

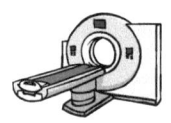

de CT

TC

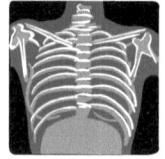

de röntgen

rayos x

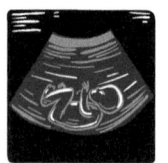

de echografie

ecografía

het gezichtsmasker

barbijo

de ziekte

enfermedad

de wachtkamer

sala de espera

de kruk

muleta

de pleister

curita

het verband

venda

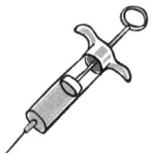

de injectie

inyección

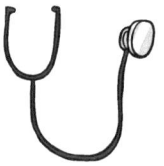

de stethoscoop

estetoscopio

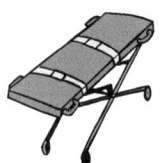

de brancard

camilla

de thermometer

termómetro

de geboorte

nacimiento

het overgewicht

sobrepeso

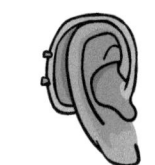

het gehoorapparaat

audífono

het ontsmettingsmiddel

desinfectante

de infectie

infección

het virus

virus

(de) HIV / AIDS

VIH / SIDA

het medicijn

remedio

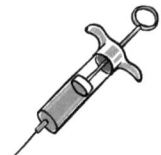

de inenting

vacunación

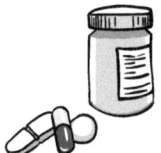

de tabletten

comprimidos

de pil

pastilla anticonceptiva

het alarmnummer

llamada de emergencia

de bloeddrukmeter

tensiómetro

ziek / gezond

enfermo / sano

Help!

¡Ayuda!

het alarm

alarma

de overval

agresión

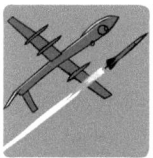

de aanval

ataque

het gevaar

peligro

de nooduitgang

salida de emergencia

Brand!

¡Fuego!

de brandblusser

matafuego

het ongeluk

accidente

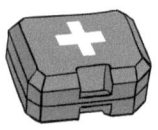

de EHBO-koffer

botiquín de primeros
auxilios

SOS

SOS

de politie

policía

Europa

Europa

Noord-Amerika

América del Norte

Zuid-Amerika

América del Sur

Afrika

África

Azië

Asia

Australië

Australia

de Atlantische Oceaan

Atlántico

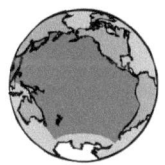

de Stille Oceaan

Pacífico

de Indische Oceaan

Océano Índico

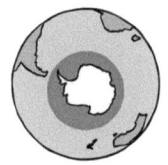

de Zuidelijke Oceaan

Océano Antártico

de Noordelijke IJszee

Océano Ártico

de Noordpool

polo norte

de Zuidpool

polo sur

Antarctica

Antártida

de aarde

Tierra

het land

tierra

de zee

mar

het eiland

isla

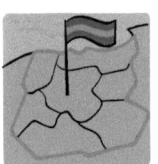

de natie

nación

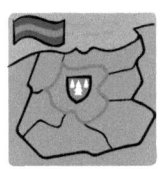

de staat

estado

de wijzerplaat

esfera

de uurwijzer

manecilla de las horas

de minutenwijzer

minutero

de secondewijzer

segundero

Hoe laat is het?

¿Qué hora es?

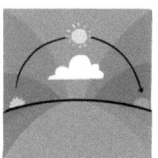

de dag

día

de tijd

hora

nu

ahora

het digitaal horloge

reloj digital

de minuut

minuto

het uur

hora

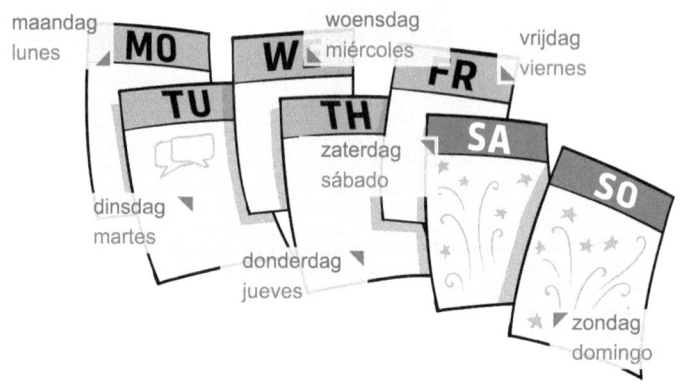

maandag / lunes
woensdag / miércoles
vrijdag / viernes
dinsdag / martes
donderdag / jueves
zaterdag / sábado
zondag / domingo

gisteren
ayer

vandaag
hoy

morgen
mañana

de ochtend
mañana

de middag
mediodía

de avond
tarde

de werkdagen
días hábiles

het weekend
fin de semana

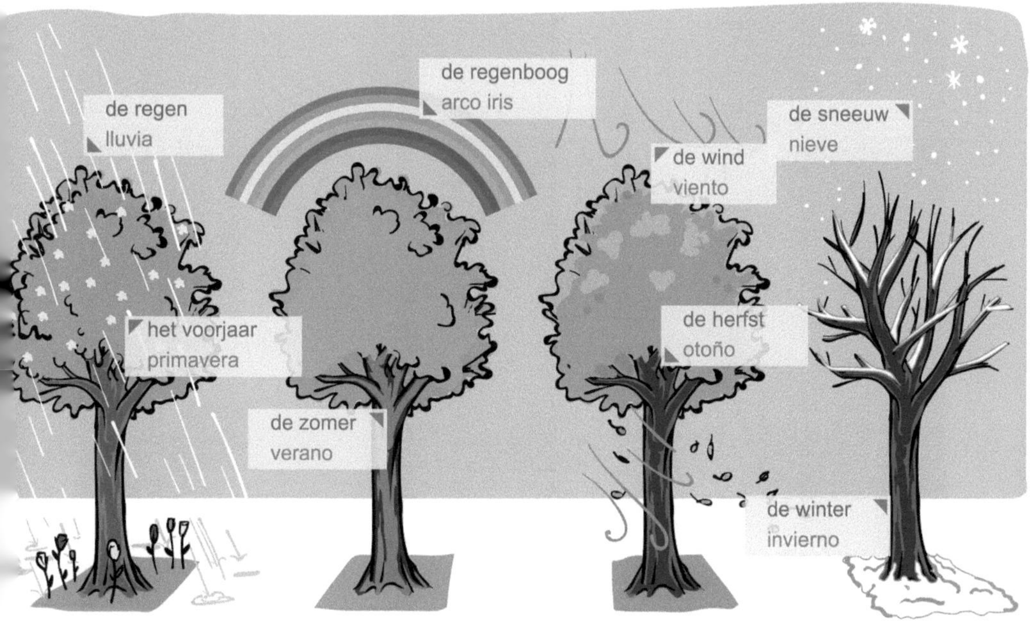

de regen
lluvia
de regenboog
arco iris
de sneeuw
nieve
de wind
viento
het voorjaar
primavera
de herfst
otoño
de zomer
verano
de winter
invierno

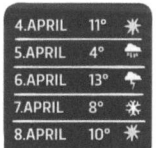

4.APRIL 11°
5.APRIL 4°
6.APRIL 13°
7.APRIL 8°
8.APRIL 10°

het weerbericht

ronóstico meteorológico

F C
120 90 60 30 0 -30
40 30 20 10 0 -10 -20

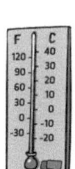

de thermometer

termómetro

de zonneschijn

luz del sol

de wolk

nube

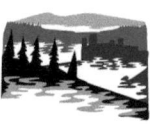

de mist

niebla

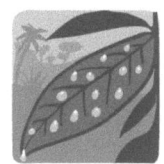

de luchtvochtigheid

humedad

de bliksem

rayo

de donder

trueno

de storm

tormenta

de hagel

granizo

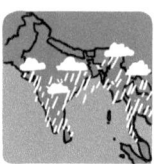

de moesson

monzón

de overstroming

inundación

het ijs

hielo

januari

enero

februari

febrero

maart

marzo

april

abril

mei

mayo

juni

junio

juli

julio

augustus

agosto

het jaar - año

september
septiembre

oktober
octubre

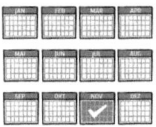

november
noviembre

december
diciembre

de cirkel
círculo

het vierkant
cuadrado

de rechthoek
rectángulo

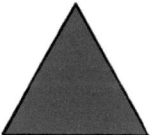

de driehoek
triángulo

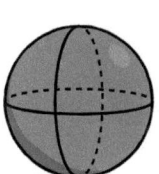

de bol
esfera

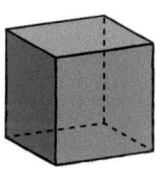

de kubus
cubo

de kleuren
colores

wit
blanco

geel
amarillo

oranje
naranja

roze
rosa

rood
rojo

paars
violeta

blauw
azul

groen
verde

bruin
marrón

grijs
gris

zwart
negro

veel / weinig

mucho / poco

boos / rustig

enojado / tranquilo

mooi / lelijk

lindo / feo

begin / einde

principio / fin

groot / klein

grande / chico

licht / donker

claro / oscuro

broer / zus

hermano / hermana

schoon / vies

limpio / sucio

volledig / onvolledig

completo / incompleto

dag/ nacht

día / noche

dood / levend

muerto / vivo

breed / smal

ancho / angosto

eetbaar / oneetbaar

comestible / no comestible

gemeen / aardig

malo / amable

opgewonden / verveeld

entusiasmado / aburrido

dik / dun

gordo / flaco

eerste / laatste

primero / último

vriend / vijand

amigo / enemigo

vol / leeg

lleno / vacío

hard / zacht

duro / blando

zwaar / licht

pesado / liviano

honger / dorst

hambre / sed

ziek / gezond

enfermo / sano

illegaal / legaal

ilegal / legal

intelligent / dom

inteligente / estúpido

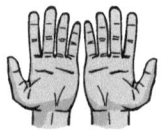

links / rechts

izquierda / derecha

dichtbij / ver

cerca / lejos

nieuw / gebruikt

nuevo / usado

niets / iets

nada / algo

oud / jong

viejo / joven

aan / uit

encendido / apagado

open / gesloten

abierto / cerrado

zacht / luid

silencioso / ruidoso

rijk / arm

rico / pobre

goed / fout

correcto / incorrecto

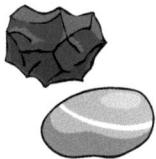

ruw / glad

áspero / suave

verdrietig / gelukkig

triste / contento

kort / lang

corto / largo

langzaam / snel

lento / rápido

nat / droog

mojado / seco

warm / koel

caliente / frío

oorlog / vrede

guerra / paz

0	**1**	**2**
nul	één	twee
cero	uno	dos

3	**4**	**5**
drie	vier	vijf
tres	cuatro	cinco

6	**7**	**8**
zes	zeven	acht
seis	siete	ocho

9	**10**	**11**
negen	tien	elf
nueve	diez	once

12

twaalf
doce

13

dertien
trece

14

veertien
catorce

15

vijftien
quince

16

zestien
dieciséis

17

zeventien
diecisiete

18

achttien
dieciocho

19

negentien
diecinueve

20

twintig
veinte

100

honderd
cien

1.000

duizend
mil

1.000.000

miljoen
millón

Engels

inglés

Amerikaans Engels

inglés americano

Chinees Mandarijn

chino mandarín

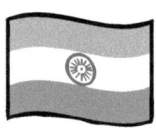

Hindi

hindi

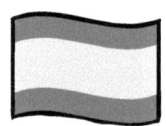

Spaans

español

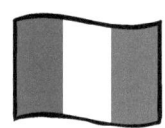

Frans

francés

Arabisch

árabe

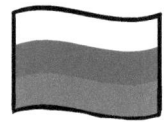

Russisch

ruso

Portugees

portugués

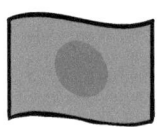

Bengalees

bengalí

Duits

alemán

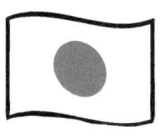

Japans

japonés

ik

yo

jij

vos

hij / zij / het

él / ella

wij

nosotros

jullie

ustedes

zij

ellos

wie?

¿quién?

wat?

¿qué?

hoe?

¿cómo?

waar?

¿dónde?

wanneer?

¿cuándo?

de naam

nombre

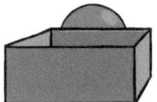

achter

detrás

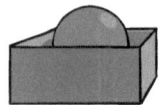

in

en

voor

adelante de

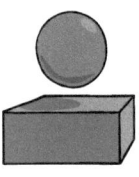

boven

por encima de

op

sobre

onder

debajo de

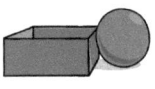

naast

al lado de

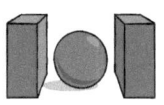

tussen

entre

plaats

lugar